계간 인사

전윤호
시집

백조

시인의 말

 살아 있는 것들은 소리를 낸다. 가만히 들어보면 말 없는 사물들조차도 자기가 살아 있다는 것을 증명하는 것처럼 소리를 낸다. 세상은 그 소리로 가득 차 있다. 어떤 때는 너무 어지럽다. 도원이 그립다. 지금 내 주변은 소음으로 가득 차 있다. 눈을 뜨면 도원이 사라질 것 같다. 눈을 뜨면 모든 게 곧 잊힐 것 같다. 그러나 웅성거리는 사람들 소리에 나는 눈을 떴다. 강변이었다. 식구들의 근심스러운 얼굴들이 보였다. 나는 산 너머 마을로 가겠다고 결심했을 뿐, 어떻게 떠내려온 건지 기억이 없었다. 하지만 도원에 관한 기억들은 사라지지 않았다. 점점 더 생생해졌다. 머릿속에 예쁜 문신을 새겨놓은 것처럼. 환하게 욱신거리는 그곳.

전윤호

목차

시인의 말   3

1부

메기 낚시	11
기초 입문	12
얼음배	14
수면사睡眠寺	16
전당사典當寺 1	18
전당사典當寺 2	20
중산충中産虫	22
내가 고향이다	24
봄	26
낮달	28
하프타임	29
아들의 나비	32
조각보	34
동해에서 폭설을 만나다	36
첫차	38

2부

유래由來	43
해제解題	44
물거울	46
하늘 닭	48
나무 돼지	50
편지 고양이	51
아이 마당	52
술샘	54
여자 성인식	56
남자 성인식	57
일하는 솥	58
소들의 월동지	59
사는 법	60
푸른 집의 흔적	62
물속에서	63
강가의 소나무 몇 그루	64
아라리 한 소절 1	66
아라리 한 소절 2	68
그곳	70
유호	73
고개 들어보면	76
입구에서	78

3부

도서관에서	83
숟가락 거울	84
사장	86
부동산 천국	88
대관식	90
내 안의 발전소	92
노란 발전소	94
내 안의 야만 시대	95
사소한 시인	96
골키퍼	98
천안함에게	100
설거지	102
천오백 몇 십 미터짜리의 그리움	104
수몰 지구	106
봄눈 내리는 아침	108
전산옥	110
실연	112
겨울 저녁	114
강릉여인숙 1	116
강릉여인숙 2	118
작은 감자	120
삼월의 망명	122
섬 주막	124
늦은 인사	125
	해설		128

1부

메기 낚시
―흐름에 대하여

여울에 앉아
낚싯대를 잡고 있다
물살에 떠다닌 내 생애가
찌에 얹혀 있다
우수수 옥수수 머리를 밟으며
푸른 바람이 자꾸 지나간다
손으로 전해오는
나를 끌고 가는 시간의 묵직함
좀 더 기다려야 하리라
나는 이 밤을 바쳤지만
메기는 일생을 걸고 있다

기초 입문
―메기 낚시

음력 유월 메기가 보약인 건 알아서
종일 낚싯대 잡고 강가에 붙어 있어봤자
아무나 메기를 잡을 순 없는 법
저수지에서 붕어 잡던 실력으론
이 동네 메기는 못 잡아
이 강 저 강 유람하며
족히 몇 년은 묵은
점잖게 수염 기른 물고기를 잡아보겠다면
낮에는 벼랑 밑에서 명상도 해보고
밤이 내린 여울에 들어가
깨끗한 미꾸라지도 쫓아다녀봐야 하는 법
저무는 강변에 섰을 때
어둠을 몰고 오는 바람이
살짝 미소를 지어주거든

그때나 한번 운을 시험해보게
야광찌 휘두르는
세 칸 반짜리 채비로는
부르르 마음만 울리고 놓칠 수 있나니
손목을 이끄는 강의 흐름을 느낄 수 있다면
메기가 그대 가슴속을 헤엄쳐
달빛 일렁이는 저 굽이 너머로 떠나간들
또 어떠리

얼음배

아버지의 화가 풀리듯
날이 조금 따뜻해지면
강으로 나간다
앉은뱅이 썰매도 타고
강둑에 불을 피우는 재미도 좋지만
얼음배를 타는 재미가 제일이다
삿대로 쓸 나뭇가지 하나 들고
얼음의 가장자리를 돌로 깨면
뿌지직 금이 가면서
얼음이 떨어진다
얼음배
조금만 타고 내려가다가
물에 빠질 줄 알지만
몇몇은 신발과 양말을 벗어놓고

불장난하고
누가 더 좋은 배를 타고 멀리 가는지
구경하다가 날이 진다

지금 얼음배를 타고 있다
친구들 집으로 돌아가고
불을 피워놓고
나를 기다리는 사람은 보이지 않는데
얼음배 바닥이 울렁거린다
수심이 깊은 건 아닐까
삿대는 이미 놓쳐버렸고
맞바람이 맵다
어디쯤에서 내려야 할까가 더 두려운
얼음배

수면사 睡眠寺

초파일 아침
절에 가자던 아내가 자고 있다
다른 식구들도 일 년에 한 번은 가야 한다고
다그치던 아내가 자고 있다
엄마 깨워야지?
아이가 묻는다
아니 그냥 자게 하자
매일 출근하는 아내에게
오늘 하루 늦잠은 얼마나 아름다운 절이랴
나는 베개와 이불을 다독거려
아내의 잠을 고인다
고른 숨결로 깊은 잠에 빠진
적멸보궁
초파일 아침

나는 안방에 법당을 세우고
연등 같은 아이들과
잠자는 설법을 듣는다

전당사典當寺 1

나는 이제 새로운 천축으로 간다
삭발한 욕망 하나 말에 태우고
삼지창 들고 길을 떠난다
고한읍 카지노
깊은 산속에 숨은 천국을 지키는
사하촌을 가득 메운 전당사 전당사 전당사
물건을 잡고 푼돈을 주는 사채업자도
절 이름을 붙일 수 있고
빈털터리가 된 뒤에
다시 행운을 시험해보고 싶은 중생들을 위해
달콤한 돈을 주는 곳
세속의 복잡한 수작들 다 생략하고
오직 한 가지
끗발만 바라보게 하는 곳

어제도 없고
내일도 없고
오직 지금만 존재한다는 진리를 가르치는 곳
전당사 그곳에서
소멸하든지
새로 태어나리라

전당사典當寺 2

이제 이 도시와 작별하겠다
먹고살겠다고
개처럼 쏘다녀봐도
남은 건 대출 잔금과
고치지 못하는 혈관뿐
무덤을 찾아 나선 코끼리처럼
홀가분하게 강을 거슬러 올라가리
재를 넘고 강을 건너
사람의 길을 잃어버리면
산중에 숨어 있는 궁전
제 목숨을 판돈으로 즐기는 곳
그곳이 샹그릴라건 천축이건 카지노건
반평생 허비한 지금보다 나으니
마지막 한 방울까지 피를 짜내

승부를 걸겠다
행여 운이 따르지 않아 빈털터리가 되면
가진 거 탈탈 털어 전당사로 가서
몇 푼의 행운과 바꿔보자
운이 없는 자들을 위해
사방에 가득한 절집들
어떤 사원보다 빠른 응답이 내리는 곳
미련이
현금으로 환산되는 곳
내 평생을 맡기고
바닥을 쳐보리라
마지막만큼은
내 맘대로 하리라

중산충 中産虫

개미와 사마귀 사이에
중산충이 있다
무당벌레를 닮았다고도 하고
사슴벌레를 닮았다고도 한다
기어다닌다고도 하고
날아다닌다고도 한다
행운을 가져온다고
부적처럼 목에 걸기도 한다지만
시중에 떠도는 건 다 가짜다
여름에는 물가가 오르고
겨울에는 은행이 문 닫는 요즘
견뎌내지 못하고
멸종됐다고도 한다
중산충을 찾기 위해

정부의 연구 자금을 받아
포충망을 들고 떠난 학자들은
아직 소식이 없고
신문마다 싣는 그놈의 벌레 사진은
다 다르게 생겼다

내가 고향이다

추석에 집에 있기로 했다
친정이 없어진 아내와
서울에서 태어난 아이들에게
올 명절은
집에서 쉴 거라 했다
시장에서 송편을 사고
보름달 뜨면
옥상에서 구경하자고 했다
용돈을 받은 아이들은
신이 나서 컴퓨터 게임을 사고
인터넷으로 떠난다
괜히 적적한 척
서울에 있을 선배에게 전화해
그날 저녁 만나기로 했다

문을 닫고 돌아누운 어두운 거리에도
작은 수족관에 불을 켜고
물방울 같은 사람들을 기다리며
문 여는 술집이 있을 거라고
텅 빈 시내버스처럼
반겨줄 사람이 없는
성묘객이 끊어진 무덤처럼
내가 고향이다

봄

급한 이사를 하는 통에
열쇠를 잃어버리고
대문 밖에 세워둔 자전거
묶인 채 겨울을 났다
죄 없는 양심수처럼
오갈 때마다 눈에 밟히는
짐받이 자전거
비 맞고 눈 맞으며
녹이 슬었다
의사는 자꾸 새로운 검사를 받으라 하고
안장 위의 눈처럼 쌓이는 약봉지
안 탈 거면 치우지요
출근하는 아내는 밤마다 허리가 아프다 한다
연속극을 보다가 잠든

그녀의 꿈을 밟아 가
열쇠를 찾는다
달리지 못하는 자전거
페달을 밟으며
별다른 이유 없이 내 곁을 떠나간
고양이가 보고 싶다

낯달

아내는 출근하고
아이들은 학교에 갔다
집이 조용해지자
거세한 고양이는 창틀 위로 올라가
잡히지 않는 새소리를 듣는다
초록색 눈을 가진 고독이
내려다보는 한낮
결말을 아는 이야기 속에서
마지막까지 견디는 일이
이렇게 지루하다니
성공한 부자가
자신을 영웅이라 생각하는 자서전을 읽다가
몸으로 물음표를 만들고
긴 잠에 빠지다

하프타임

중환자실에서 수액 주사를 맞으며
혈압이 떨어지기를 기다린다
열이 높더니
축구장에 와 있다
갑자기 쓰러진
전반은 엉망이었다
공격은 패스가 안 되고
수비는 실수투성이
스트레스가 주원인입니다
이 정도만 해도 운이 좋은 겁니다
그나마 버티는 건
온몸으로 막아준 골키퍼 덕이다
의식을 잃은 적은 한 번도 없어요
담배도 안 피우고요

사진기자들이 우리 골대 뒤에 줄 서 있는
적지에서 뛰는 경기
매출이 줄면서
거래처 전화를 못 받았어요 대금이 밀려서
절반이 끝났을 뿐이다
후반이 시작되면
공격을 늘릴 것이다
지친 성질 몇과
상태가 안 좋은 인내심은 바꿔야지
넌 지금 죽어야
사십이 넘어서
요절 시인도 안 돼
악착같이 일어나라고
물을 마시고

근육을 주무른다
몸이 가라앉을수록
선명해지는 조명
끝까지 진다는 생각은 안 들어
걱정하지 마
후유증도 없잖아
이제 전반전이 끝났을 뿐이다

아들의 나비

나는 여태 구두끈을 제대로 묶을 줄 모른다
나비처럼 고리가 있고
잡아당기면 스르르 풀어지는 매듭처럼
순순한 세상이 어디 있을까
내 매듭은
잡아당겨도 풀리지 않는다
끊어질지언정
풀리지 않는 옹이들이
걸음을 지탱해왔던 것이다
오늘은 현관을 나서는데
구두끈이 풀렸다며
아들이 무릎을 꿇고 묶어주었다
제 엄마에게 배운 아들의 매듭은
예쁘고 편했다

일찍 들어오세요
버스 정류장까지 나비가 따라왔다

조각보

아침이면
전날 밤 만취해
마구 풀어 헤쳐놓은 꿈들
주섬주섬 보자기에 챙기고
단단히 매듭을 지어 묶는다
어머니가 남겨준 조각보
몇 군데 깁기는 했으나
아직은 쓸 만하다
거리를 나서면
허둥지둥 갈 길을 찾아 가는
가지가지 모양의 짐 보따리들
더 들어갈 여유도 없이
잔뜩 부푼 얼굴들
행여 쏟아질까 두려워

종일 꼭지만 움켜쥐고 산다
산다는 건 그저
갖가지 천 조각을 이어
보자기를 만드는 일
나는 오늘도 가위를 들고
적당한 크기로
하루를 자른다

동해에서 폭설을 만나다

바다에서 엄마를 잃어버리고
아버지 손을 잡고 산으로 갔다
계모의 미운 혹이 되어
골방에서 잠들던 어린 날
문설주가 시퍼렇게 어른거려 울었다
그들의 세상이
대충 지어놓은 가건물이었다는 걸
아는 나이가 되어
덜덜거리는 고물차를 타고
바다로 간다
연인에게 미안하다는 노래를
반복해서 틀면서
모래밭에 흩어진 조개껍데기들을 본다
파도가 거친 날 휩쓸려 올라와

갈매기들에 살을 쪼이고
껍질만 남은
엄마는 어디로 갔을까
밤새 파도 소리에 뒤척이다가
주먹만 한 눈송이가 내리는 것을 보았다
선잠이 깬 아침까지
눈은 내리고 내려
길을 지우고 차를 지우고
나를 지우는구나
누가 누구에게 미안한 걸까
새벽부터 땀 흘리며 눈을 치운다
자꾸 파 내려가면
묶인 배가 흔들리는
항구가 보일 것 같다

첫차

고향 내려와
몇 해 거른 아버지 제사 지내고
선잠 깬 이른 아침

첫차 타고 떠나려고 앞 강에서 머리 감다
물봉숭아를 건졌다
어머니가 좋아했던 꽃

꽃밭 찾으려고
안개 속으로
무릎 적시며 걸어갔다
기차역과는 반대편

휘파람새 울고

어느새 옆구리까지 올라온 물살
꽃잎이 툭툭 가슴을 친다

너무 멀리 왔을까
돌아보려다 신발이 벗겨졌다

맨발로 망설이다가
꽃이 재촉하는 쪽으로
마음을 정한다

허방을 짚었다
발밑이 꺼졌다
깊은 쪽으로 머리가 빨려 들어간다
물살이 나를 빙빙 돌렸다

잃어버려 잃어버려 다 잃어버려

숨 막혀
꽃을 보려고
나를 버리다

2부

유래由來

 도원은 원래 길이 막히지 않았다 큰 산 아래 강이 휘몰아 넓은 땅덩이를 만드니 마을을 이룰 만한 자리였다 어떤 이는 강 상류라 하고 어떤 이는 다른 강 하류라 한다 잦은 전란으로 장정들이 징발을 당하고 한번 가면 돌아오지 못해 어느 해인가 산에 바위를 굴리고 개복숭아와 가시나무를 심어 관리가 오는 길을 끊었다 한다 해마다 홍수가 나면 끊기는 다리도 보수하지 않고 가진 배도 묶인 채 썩어가니 왕조가 몇 번 바뀌면서 기억하는 이가 드물어졌다는 것이다 때마침 근방에 돌림병이 돌아 나이 든 사람들은 다 죽고 살아남은 이들도 다른 곳으로 옮겨 갔다 한다 안과 밖이 서로 잊으니 애달픈 일이 없고 마침내 도원이 되었다

해제解題

 도원 사람들은 기록을 남기는 데 관심이 없었다 다만 나라가 바뀌자 벼슬을 버리고 산중에 숨어든 이가 굶주림에 지쳐 헤매다 그곳으로 들어갔다고 한다 한동안 잘 지내던 그는 무슨 연유인지 다시 세상으로 나오게 되었다 가족을 데려가려 했다고도 하고 높은 관직에 있던 친구를 만나려 했다고도 한다 실수를 깨닫고 다시 돌아가려 했으나 입구를 찾을 수가 없었다는 것이다 결국 평생을 그리워하다가 실성해 곳곳의 바위나 나무에 글을 남겼다 한다 지나가던 나무꾼이나 심마니들이 우연히 한두 편씩 읽고 더러는 기억하고 더러는 잊어버리니 글자는 세월에 지워지고 입에서 입으로 조금씩 보태진 이야기는 장터에서 장단과 가락을 얻어 여러 편 구슬픈 노래가 되었다 훗날 사람들은 그 노래들을 아라리라 불렀다고 하는데 지금은 여러 편이 사라져

도원의 모습은 안개 속의 뼝대[1]들처럼 언뜻언뜻 보였다
사라지곤 한다

---

1 바위로 된 절벽을 일컫는 강원도 방언.

물거울

 도원은 강변에 사람이 살지 않는다 혼들이 사는 잔잔한 강을 지나면 물살의 흐름이 빨라지고 보통 강의 풍경이 된다 그곳에는 비와 바람이 바깥과 같다 홍수에 대비해 언덕에 집을 짓는다 곳곳에 샘이 나 우물을 이루니 사는 데 불편함은 없다 홍수를 막기 위한 제방을 쌓지 않게 되면서 강변은 모래와 갈대의 차지가 되었다 비오리 원앙 같은 새들이 머물고 한낮에도 수달이 유유히 거니는 것을 볼 수 있다 물이 갑자기 깊어지고 빨라지는 곳이 있어 자칫하면 떠내려갈 수 있기 때문에 물가에 잘 나가지 않는다 흐르는 물을 오래 보면 나가고 싶은 마음이 든다는 말도 있다 겨울이 되어 강이 얼면 짐승들이 내려와 뛰어노는데 강을 울리는 발소리가 쫑쫑쫑쫑 온 사방에 울린다 뻥대들도 입을 모아 쫑쫑쫑쫑 소리치고 선잠이 깬 물고기들이 바닥까지 훤히 보이

는 맑은 얼음 속에서 영문도 모른 채 후다다닥 돌아다
닌다

하늘 닭

 닭들은 오리처럼 날아다닌다 밤에는 지붕 위에서 자고 낮에는 산으로 가 벌레를 잡아먹는다 일찍 일어나면 닭들이 무리 지어 강으로 날아가면서 해가 뜨는 것을 본다 여러 해를 살기 때문에 덩치가 크고 힘이 좋아 다 자라면 천적이 없다 철새를 따라서 밖으로 나갔다가 해가 바뀌어야 돌아오는 일도 있다 닭이 곡식을 받아먹으면 손이 닿는 곳에 낳은 알을 가져올 수가 있다 그걸로 하는 요리가 도원에서도 손꼽히는 귀한 음식으로 친다 땅거미가 질 때 울려 퍼지는 닭의 우렁찬 울음소리로 사람들은 하루가 저물었음을 알고 일을 정리한다 어느 해는 닭들이 돌아오지 않기도 한다 아주 멀리 갔기 때문이라는데 몇 년 만에 돌아오는 경우도 있다 그럴 때 닭들은 모습이 변해 있다 흰 닭이 오색의 깃털로 변하기도 하고 볏이 왕관 모양으로 바뀌기도 한다 노인들은 닭들이 하늘로 들어갔다 와서 그렇다 한다 닭들이 돌아오면 사람들은 공손하게 가진 것 중 가장 좋은 곡식을 바친다

나무 돼지

집돼지는 없고 모두 멧돼지들이다 몸집도 크고 엄니가 날카로워 사나워 보이지만 사람과 마주치는 것을 싫어해 눈에 띄는 법이 없다 조심성이 많고 깔끔해서 흔적을 남기지 않는다 도토리가 부족하지만 않으면 밭으로 내려와 농작물을 망치는 일이 없기 때문에 모두들 산열매를 함부로 줍지 않는다 멧돼지는 도원의 짐승들 중에서 사람을 멀리하는 짐승이다 폭설이 내려도 인가로 내려오지 않는다 멧돼지가 나이를 먹으면 등에서 나무가 자란다 참나무가 자라기도 하고 소나무가 자라기도 한다 숲에서 잠을 자기 때문에 등으로 나무 씨가 떨어져 자란 것이라 하는데 어떤 돼지는 제 키보다 큰 복숭아나무를 달고 있다고도 한다 돼지들이 자는 곳으로 가면 돼지는 보이지 않고 각종 나무들이 꽃과 열매를 달고 있는 숲만 보인다

편지 고양이

 고양이는 잔잔한 강과 언덕 마을을 오가며 산다 마을을 버리고 잔잔한 강으로 간 사람들도 전에 친했던 고양이는 잊지 않는다 언덕 마을에 남은 가족들이 하고 싶은 말이 있으면 고양이 목에 편지를 달아 보낸다 고양이가 돌아올 때 답장은 없으나 편지가 없는 것을 보면 읽은 것이 분명하다 편지가 있던 자리에는 꽃이나 열매가 대신 매달려 있는데 그것을 마당에 심으면 금세 자라 키 큰 나무가 된다 그러면 서로 잘 있는가 보다 미루어 짐작한다

아이 마당

어른들이 일찍 일하러 가면 아이들은 아이 마당에 모여 논다 작은 아이는 큰 아이가 업고 큰 아이는 노인들이 교대로 보살핀다 아이 마당에서는 아이들이 주인이다 아이들이 그날 할 일을 정하고 어른들은 지켜보기만 한다 아이들은 저마다 제가 좋아하는 짐승들의 흉내를 낸다 고양이 울음을 잘 내는 아이도 있고 닭의 울음을 잘 내는 아이도 있다 특별히 개나 소와 친해진 아이들도 있는데 가끔 그들을 데리고 오기도 한다 소 등에 올라 탄 여자아이가 먼저 노래를 시작하면 다들 따라 부르는데 아이들은 짐승의 울음을 흉내 내다가 노래를 터득하게 된다 비 오는 소리와 바람이 부는 소리를 배운 아이도 있다 느리기도 하고 빠르기도 한 노래는 슬프기도 하고 즐겁기도 해서 소와 개들도 즐겨 듣는다 들에서 어른들은 아이들의 노래를 따라 부르며 일

한다 온 마을이 노랫소리에 파묻히면 물 흐르는 소리도 멈추고 새 울음소리도 들리지 않는다 놀다가 지치면 집에서 가져온 음식을 먹고 심심하면 노인들이 살아온 이야기를 듣는다 모든 이야기를 다 들어 더 이상 새로운 이야기가 없어지면 그 아이는 이제 더 이상 아이가 아니다 자연히 아이 마당에 가지 않고 어른들을 따라 일하러 간다 그 시기가 아이에 따라 다르며 늦거나 빠르다고 아무도 간섭하지 않는다

술샘

 사방이 거대한 절벽으로 둘러싸인 곳에 여러 개의 샘이 있는데 그곳을 샘골이라 부른다 그중에 하나가 술샘이다 몸이 아프거나 마음이 아픈 사람에게 약이 되는 그 물은 맛이 차고 시원하며 푸른 기가 도는데 조금 마시면 기분이 좋아지고 많이 마시면 정신을 놓을 정도로 취한다 물이 나오는 구멍이 좁아서 무릎을 꿇고 고개를 숙여야 마실 수 있다 취한 사람을 위해 누울 자리도 만들어놓았다 주변엔 목청 좋은 새들이 많이 살고 열매도 많이 열린다 술샘으로 가려면 물살이 빠른 여울을 건너야 하기 때문에 어른들만 갈 수 있다 돌아올 때도 온전히 깨지 않으면 발을 헛디뎌 떠내려갈 수 있어 일단 그 자리에서 취기가 다 가신 다음에야 마을로 간다 그릇에 떠 가면 맛이 사라져 맹물이 되지만 아이에게 먹이면 감기나 체한 데 효험을 볼 수 있다 소나

개, 돼지도 마시러 오기 때문에 차례가 될 때까지 기다려야 할 때도 있다

여자 성인식

여자가 성인이 되려면 초경 후에 샘골에 있는 옻샘으로 간다 옻샘은 초막을 지어 보호하고 있는데 물색이 붉고 거품이 일어난다 옻나무 독이 오르거나 독사에게 물린 사람을 고칠 수 있는 물이라 하여 옻샘으로 부른다 맛이 독해서 한 번에 한 모금밖에 마실 수 없다 아프지도 않은 사람이 그 물을 마시면 온몸에 열꽃이 피고 식은땀을 흘리게 되며 하루의 대부분을 자게 된다 자는 동안 꿈을 꾸는데 세상을 아래에 두고 바라보기도 하고 검은 강을 건너 죽은 사람을 만나기도 한다 꽃과 새, 바람과 말이 통했다는 이도 있다 일주일이 지나면 젖살이 빠져서 나오는데 그때부터 고통을 두려워하지 않게 되지만 다시는 들어가기 전의 모습으로 돌아가지 않는다

남자 성인식

 남자는 양식도 없이 혼자 산을 올라간다 도원의 가장 높은 봉우리는 구름보다 높으며 안개로 덮여 있다 여러 길의 벼랑을 오르기도 하고 산짐승의 위협을 받기도 한다 산 중턱에 오르면 동굴 입구가 있다 동굴은 날카로운 종유석과 깊은 소가 숨어 있다 동굴을 통과하면 참나무 숲이 나온다 한 뿌리에서 나온 여러 개의 가지들이 얽혀 있는 그 숲은 작은 연못을 품고 있는데 금빛 개구리와 푸른 도롱뇽의 알로 덮여 있다 그 알을 잎에 싸서 가슴에 품고 돌아오면 성인식이 끝난다 마을로 돌아와 품을 열면 알에서 올챙이나 새끼 도롱뇽이 부화되어 나오는데 그게 몇 마리냐에 따라 남자로서의 능력이 검증된다 부화된 것들은 샘골에 풀어놓는데 커지면 사라져버려서 사람들은 동굴로 통하는 길이 있다고 생각한다

일하는 솥

 일손이 필요하면 마을 입구에 걸어놓은 큰 솥에 불을 지피는데 필요한 사람 수만큼 서로 다른 장작을 넣으면 오색의 연기가 피어 오른다 사방으로 퍼지는 연기의 색깔을 보고 도와줄 사람들이 모인다 물이 끓으면 무지개떡을 장만해서 먹고 일하러 간다 봄에는 가끔 밖에서도 그 연기를 볼 수 있어 사람들은 그저 아지랑이나 산안개거니 한다

소들의 월동지

 소들은 산과 강변에서 풀을 뜯는다 인간의 소유가 아니니 뿔도 자르지 않고 코도 뚫지 않는다 힘이 약한 사람이 소를 때릴 수도 없다 젖이 부족한 산모가 공손히 부탁하면 우유를 나눠 주기도 한다 소들은 험한 고개를 잘 넘어 다니는데 그 발자국을 따라가면 새로운 길이 만들어진다 첫눈이 오기 전에 소들은 모여 떠난다 아직 사람이 따라가보지 못한 험한 산을 넘어가는데 사람의 마을이 없는 그쪽 어딘가에 소들의 겨울 목초지가 있다고 한다 영혼만 남은 사람들이 소들과 함께 강이 시작되는 동굴로 들어간다는데 그곳은 항상 봄이고 여름의 과일들과 가을의 곡식들이 여물어 있다고 한다

사는 법

 강변을 포기하고 남은 땅으로 먹고살려니 모두 부지런히 일해야 한다 여자가 많고 아이들은 빨리 자라지 않으니 노인이라도 쉬지 않고 일한다 사람들은 곡식은 적게 먹고 자연히 나는 것을 많이 먹게 되었다 봄에는 꽃을 먹고 여름엔 과일을 먹는데 가을에는 메뚜기들이 많이 잡힌다 더덕, 도라지, 고사리, 곤드레, 딱주기 같은 나물이 흔하고 겨울에는 강에 내려가 얼음을 깨고 물고기를 잡는다 한쪽에 그물을 치고 지팡이를 두들기며 발을 굴려 쫓으면 필요한 만큼 잡을 수 있다 짐승이 함께 먹는 도토리가 많이 나는 나무는 베지 않으며 떨어진 것의 반은 줍지 않는다 눈이 많이 내리면 산에서 소나 개 같은 짐승들이 내려오기도 하는데 일단 마당 안으로 들어오면 광을 열어주고 제 발로 갈 때까지 둔다 한 집을 정해 일정하게 내려오는 일도 많으며 밖에

서 마주치면 알아보고 길동무가 돼주기도 한다

푸른 집의 흔적

예전에 관청이 있었던 자리가 몇 개 흔적만 남아 있다 그중에 깨진 푸른 기왓장이 널려 있는 큰 집에는 수령이 살았다고 한다 사람들을 괴롭히며 권력을 누리다가 어느 날 벼락이 떨어져 큰불이 나 전소되었다 그에게 화가 난 백성들이 들고일어나 불을 질렀다 하기도 한다 지금은 빈터에 풀이 무성하니 소나 돼지가 즐겨 찾는다 강 근처에 큰 건물 터도 하나 있는데 전설에 의하면 제방을 보수할 때 사람들이 모여 의논하던 곳이라 한다 각 마을 대표로 온 사람들이 서로 힘든 일을 맡지 않으려고 시끄럽게 굴다가 갑자기 큰물이 밀어닥쳐 모두 떠내려갔다고 한다 신을 모신다던 성황당 터도 몇 개 있는데 지금은 아무도 찾지 않아 모두 사라지고 주춧돌 정도만 남아 있다 지나가는 사람들이 잠깐 앉았다 가는 곳으로 퍽 유용하게 쓰인다

물속에서

 눈을 뜬 것도 감은 것도 아닌데 사방이 모두 보인다 멀리 나를 찾는 사람들 챙기지 않은 가방 강 바위에 놓아둔 수건과 칫솔 요란하게 울리는 전화벨 소리 숨 쉴 수 없는 물속도 힘들지만은 않았다 막차를 타고 종점에 내린 뜨내기처럼 잠깐의 고통이 낯설게 지나자 토박이처럼 편안해졌다 마침내 한 번은 와야 할 곳에 당도한 기분 어둠 속에 둥둥 떠 있다 언뜻 내 얼굴이 내려다보였다 슬픈 감정 없이 내 모습을 본 게 언제였던가 시장에서 치맛자락을 붙잡고 입만 징징거리던 초여름의 한때 눈물 속에 쨍하던 그 환한 빛이 보였다 움직이지도 않았는데 내가 그 속으로 들어가고 있었다 푸른 하늘과 산이 보였다 물봉숭아가 활짝 핀 강변에 나는 선잠이 깬 아이처럼 어리둥절해서 두리번거리며 누워 있었다

강가의 소나무 몇 그루

기차는 새벽에 떠났다
뿌연 가로등 밑을 걸어
역전으로 가는 다리를 건너면
강가에 소나무 몇 그루가 수런거렸다
다시 돌아오지 못할 거야
도원 가는 기차는 밤에 떠났다
청량리역에서 소주를 마셨다
바바리코트를 입은 창녀들이
쉬었다 가라고 팔을 잡으면
소나무들이 수군거렸다
다시 돌아오지 못할 거야
손님이 되어 고향으로 갔더니
강가의 소나무 몇 그루 앞은
주막이 되었다

옥수수 막걸리를 마시며
귀를 기울인다
이제 돌아올 거야

아라리 한 소절 1

밭매던 젊은 며느리
점심 차리러 간다고
시어머니에게 아이 맡기고
고새 사라져버렸네
집에도 없고 남편이 일 나간
도로 공사장에도 없고
동네 사람들 사방을 뒤지다
구렁이처럼 강이 휘감고 돌아간
높은 뼝대
새나 날아다니는 그 험한 꼭대기에서
죽은 며느리를 찾았네
참으로 이상한 것이
보라색 플라스틱 슬리퍼 신고는
올라갈 수도 없는 벼랑

산신령과 바람나서
호랑이가 물어 간 거라고
몸만 놔두고
도원으로 간 거라고
못다 맨 감자밭 두고
도원으로 간 거라고

아라리 한 소절 2
—오산 여자

정선 사람도 잘 모르는 깊은 골짜기
굽이굽이 강이 휘도는 벼랑 앞에
나무로 지은 집 한 채
죽을병 걸린 남자 살리겠다고
오산 여자가 지었단다
지성으로 간호해서 살 만하니
삼척으로 바람나 떠났다는 사내
만들다 만 정원
도굴된 무덤처럼 흩어진 돌무더기들
꽃 피고
새 울고
강 물소리
이제 돌아오지 않는 오산 여자의
유적지

구슬픈 표지판이나 하나 세울까

그곳

우리 동네에서는
까닭 없이 사람들이 사라지면
도원으로 갔다고 했다

한번 가면 너무 좋아
가족들도 잊고
돌아오지 않는 곳

흉년에 주린 노인들과
사랑에 주린 젊은이들이
밤길을 헤매다
가게 되는 곳

높은 뼁대 아래

시퍼런 물살이 도는 소 근처에
들어가는 동굴이 있다고도 했다

메기를 잡으려고 밤낚시 하던 사람이
희미하게 울리는 풍악 소리를 듣기도 하고
장대비 며칠을 내려 큰물이 나면
예쁜 꽃신이 떠내려오기도 했다

바람이 거세게 부는 날
밥 짓는 냄새가 풍기면
도원에서 오는 거라고도 했다

그곳에 가고 싶었다
떠나는 모습을 기억도 못하는

어린 나를 두고 사라진
어머니가 보고 싶어 보채면
사람들은 도원에 마실 간 거라고
실컷 놀고 나면 내가 생각나
쪽배 타고 돌아올 거라고

우리 동네에서
무덤도 없이 사라진 사람은
도원으로 놀러간 거라고 했다

괜히 울적한 저녁이면
강변으로 뛰어가
산 너머로 사그라지는 노을을 보면서
어머니가 돌아오기 전에
그곳에 가고 싶었다

유호

유호는 내가 다니던 초등학교 선생님 아들
강돌처럼 작고 똘똘했지

길바닥이 뜨거운 여름이면
다리 밑에서 종일 함께 헤엄을 쳤어

남과 싸우지 않고
괴롭히지도 않는 모범생

어느 날 아침 수업이 시작됐는데
유호 책상이 비어 있었어

우리가 집으로 돌아온 저녁까지
학교에 가야 하는 아침까지

강에서 나오지 않은 거야

벌거벗고 헤엄치던 아이들은
그때부터 조금씩 강을 두려워하는 어른이 되었지

학기 중에 이사 간 선생님처럼
고개 숙이고 떠나간 누이들처럼
세상은 이제 친구가 아니었어

하지만 난 함부로 떠들어댔지
무덤이 없으니
그놈도 도원으로 마실 간 거라고

저물녘이면 마지막으로 함께 놀았던 여울에서

두 손을 모아 이름을 외치면
벼랑에서 벼랑으로 왜 하는 소리가 들린다고

고개 들어보면

살아 있는 것들과
죽은 것들이 함께 떠내려오는 강 하류
몸뚱이 하나 믿고
자맥질을 한다
허탕도 치지만 가끔
쓸 만한 것들을 건지기도 한다
깊이 내려갈 때마다
귀를 울리는 아픔에
저녁이면 소주를 마시고
무섭게 올라가는 골조들 너머
노을을 바라본다
늙은 거북이처럼
길을 걷다가
가끔 돌아본다

그러면 도원의 잔잔한 강이
복숭아 꽃나무가 가득한 마을이
붉은 눈을 깜빡이는 자동차들 사이로 보인다
길을 잃고 골목을 헤매다가
도원을 닮은 풍경을 보기도 한다
저 모퉁이만 돌면
언덕 마을이 나올 것 같다
강변도로를 다니다가
하늘을 날아가는 닭들을 본다
나는 지금 겨우 욱신거리는
도원에 산다

입구에서

도원이 별다른 줄 안다면 실망하지
사람 사는 곳이 다 그렇지 뭐
오종종한 집들과
넓지 않은 논과 밭
그저 꽃나무가 많은 걸 빼면
여느 동네와 다를 게 없어
사람들을 만나서
함께 살아보지 않으면
여기가 도원인 줄은 알 수가 없지
함께 산다고 해도
마음이 다르면
불편한 곳
남아돌 정도로 풍성한 건 없고
그저 모자란 듯 참을 만하지

다른 데 가다가
샛길로 빠져
아무 생각 없이 들어와
지나가며 본 사람도 있고
며칠 머물다가
바쁜 일이 생각나 간 사람도 있어
그들에게 도원은
그저 꽃나무가 많은 마을
입구는 열려 있어도
도원을 찾는 사람들에겐
보이지 않고
도원에 들어와도
보지 못하는 사람들에겐
소용이 없으니

그냥 평범한 평화로운 동네
누구나 한 번쯤은 다녀온 곳일지도 몰라

# 3부

도서관에서

열람실에도 최루탄 냄새가 났다
시집에서도 소설책에서도
매운 바람이 불었다
나는 눈물을 참으며 책을 읽었다
행동해야 할 때
시나 쓴다고
등 뒤로 돌팔매가 날아오는 것 같아
가끔 사방을 살피곤 했다
아들 손잡고 동화책 빌리러 간 날
나는 코를 훌쩍이며 사방을 두리번거렸다
아직도 싸한 냄새가 났다
시 쓰며 새는 밤
나는 연신 재채기를 한다

숟가락 거울

밤이면 숟가락이 외출한다. 모두가 잠든 밤 수저통에서 기어 나와 밖으로 나간다. 골목을 나가 대로로 뛰어간다. 내 손에서는 무력하기만 하던 놈이 무척 빠르다. 헉헉거리며 쫓아간 끝에 검은 빌딩으로 들어가는 걸 찾았다. 불이 모두 꺼진 건물은 간판 하나 없다. 숟가락을 따라 들어간다. 방이 많은 기다란 복도. 숟가락은 문을 열고 들어간다. 문틈으로 엿보니 청문회장이다. 책상들과 마이크가 배열되어 있다. 숟가락은 증인이다. 준엄한 표정의 의장이 의사봉을 두드린다. 그럼 지금부터 그자가 더 밥을 먹을 수 있는지에 대한 증언을 듣도록 하겠습니다. 문을 닫고 돌아간다. 숟가락이 잘해주기를. 수많은 문들 중 하나를 열었더니 숟가락들이 누워 있다. 저마다 사람들 이름을 하나씩 명찰처럼 매달고 쉬고 있다. 분명히 내가 아는 사람들도 있다. TV 속에서 멀쩡히 돌아다니는 사람들이 폐기되어 있다. 숟가락이 없는 사람은 그 안에 가득하다. 가끔 설거지를 할 때 내 숟가락이 안 보인다.

사장

매일 그는 회의한다
직원들이 제대로 일하는지
자금은 잘 돌아가는지
붉은 숫자가 빼곡한 노트에
오늘도 암호로 기록한다
사장실 문이 수시로 잠기고
불려 갔다 온 사람들은
보고서를 쓴다
실적은 늘 안 좋고
부하들은 다 게으르다
그는 매일 화를 내고
회의한다
수틀리면 직원을 자르지만
그도 가끔 전화를 받으며 쩔쩔매고

창가에 서서 노을을 본다
사람들은 그를 사장시킨다
회사가 도굴당한 무덤 같다

부동산 천국

길을 가다가 사거리에 서 있는 승합차를 보았다
칠도 벗겨지고 범퍼도 찌그러진
그 차엔 이렇게 써 있었다
천국 철거민 연합
누군가 손톱으로 후벼 파 만든 천이란 글자
투기꾼들이 저승에도 진출했나 보지
천국에도 재개발 바람이 불었는지 몰라
저 검은 차창 안 낡은 좌석엔
악만 남은 전사들이 아닌
지친 천사들이 날개를 구긴 채 잠들어 있을지 몰라
신호등이 바뀌고 차는 떠났다
시위를 하려는지 지붕엔 확성기도 달렸다
이번에도 세를 올리면
멀리 이사 가야 한다던 친구를 만나러 가는 길

위로나 해줘야겠다
그래도 당신은 천사는 아니잖아

대관식

아들이 색종이로
왕관을 만들었다
자기가 쓰더니
또 하나는 내게 씌웠다
떨어지지 않도록
테이프로 붙인 왕관
이거 하나 쓰려고
목숨을 거는 바보들이여
약 오르지
밥 먹을 때 보니
아내도 하나 썼다
창밖엔
사기 안 치고
거짓말 안 해도

왕이 되는
백성들이
오늘도 고생하며 살아간다
왕국의 재정이 빈약해
미안하다만 아들이여
긍지를 가지고
적들을 굴복시켜
부디 평화로운 나라를 만들어주렴

내 안의 발전소

한때는 내 속에 폭탄이 있는 줄 알았다
뇌관이 녹슨 불발탄이거나
초침이 멈춘 시한폭탄인 줄 알았다
자꾸 건드리면 언젠가 터질 거라 믿었다
하지만 지금은
천정이 높은 탑 속에
발전기가 있다는 걸 안다
독수리처럼 거대한 날개를 펼친 터빈이
돌아가고 있다
먹고살려고 쏟아붓는 십만 톤의 검은 스트레스도
희망과 결과가 보여주는 백 미터의 낙차도
부딪쳐 융합하며 폭발하는 내 시들도
뜨거운 증기로 부풀어
세상을 움직이는 전력을 만들고 있는 것이다

일이 없는 밤
구멍가게에 앉아 소주를 마시면서
나는 혼자 중얼거린다
한때는 내 속에 폭탄이 있는 줄 알았지만
그게 발전소였다
불만이여 부글부글 끓어올라라
쏟아져 내려라
모든 것을 끌어안고 내가
이 밤을 밝히며 돌아가리라

노란 발전소

단종이 죽은 영월 관풍헌은
읍내에 자규루와 함께 팽개쳐져 있다
들어가면 초라한 건물 한쪽은 포교당이고
수백 년 묵은 침묵이 훤하다
한두 걸음 더 들어가자 보였다
노란 발전소
세 그루의 은행나무가 최고 출력으로 퍼 올리는
황금 조명
자석처럼 끌려가 자규루에 올라
슬픔이 백만 메가와트 발전기를 돌리는
전설을 생각한다

내 안의 야만 시대

 진나라 장군 백기는 항복한 조나라 포로 사십만 명을 생매장시켰다
 칭기즈칸은 끝까지 저항한 도시 주민 팔십만 명과 개와 고양이까지 죽였다
 백기는 전쟁에서 항상 이겼으나 황제의 명으로 자살했고
 칭기즈칸은 평생 무적의 군사들을 이끌고 동분서주하다 객사했다

 지나간 역사가 야만스러웠다 말하지 말자
 전염병이 돈다고 우리는 더 많은 소와 돼지와 닭과 오리를 생매장시켰다

사소한 시인

전태화와 장명화의 아들인
전윤호는 시를 쓴다
안현숙의 남편이고
전용걸과 전홍걸의 아버지인
전윤호는 시인이다
이명박이 대통령이 되고
노무현이 자살한 시대
일본에서는 방사능이 새어 나오고
중동과 아프리카에서 자유를 외칠 때
전윤호는 방구석에 앉아서
시를 쓴다
농부들은 밭을 갈고
매화나무는 꽃봉오리를 준비하는데
창밖에서 까마귀 우는 소리를 들으며

전윤호는 시를 쓴다
몇 번의 실연과
몇 번의 사직서
그리고 몇 번의 구급차와
몇 개의 빚더미들
하지만
수천 년 전부터 텅 비어 있었던
성인들의 무덤과
어차피 공정할 수 없는
인간의 제도에 대해
우주에서 바라본 지구처럼
터무니없이 사소한
시를 쓴다

골키퍼

돌아보면 그는 평범한 사내
거리를 걸으면 보이지도 않지
지금 여기 살고 있다는 건
아무 사건도 아닌 일상일뿐
하지만 그는 골키퍼
장갑을 끼고 골대 앞에 서면
승부를 좌우하는 수문장이 되지
운동장에서 제일 외로운 자리
등 뒤에 천국과 지옥이 있지
빈틈을 노리고 날아오는 축구공을 보면서
그는 숨을 고르네
달려오는 공격수 앞에서
기꺼이 몸을 던지며
그는 깨닫지

나는 골키퍼
두 손을 쓸 특권이 허용된
고독한 영웅이라네

천안함에게

그대가 지키는 바다는 어디에 있는가
조국처럼 두 동강이 난 초계함
깊고 어두운 바닥에 누워
이제 무엇을 지킬 것인가

건져 올린 건 군함이 아니다
찾아낸 건 시신이 아니다
딸이 사라진 영문을 모르는 심 봉사처럼
새로운 것도 없는 뉴스를 보며 어리둥절한
우리의 그림자가 만든 잔해

소주를 마시던 내가 보이든가
선거에 목을 맨 정치인과
계급장을 걱정하던 장군들이 보이든가

이제 가자 초계함이여
문무왕이 용이 되고
이순신이 목숨으로 지킨
성스러운 바다
파도는 여전히 위태롭고
아직도 작전은 끝나지 않았다

사방을 경계하는 레이더와
수탉처럼 머리를 치켜든 대포
나는 오늘도 사이렌이 울리는 종로에서
물살을 가르며 항해하는 군함을 본다

설거지

설거지를 하며 대운하를 생각한다
밥풀이 엉긴 밥그릇을 박박 문지르며
돈이 되니까
한강과 낙동강을 강제로 묶자는 발상을
맞장구치는 대학교수들을 생각한다
접시에 붙은 김치 찌꺼기를 씻어낸다
바닥을 좀 판다고
환경 피해가 많은 건 아니라는 저 이는
강이 어떻게 생겼는지나 알까
강바닥이 집이고 일터인 물고기들을 알까
권력에 줄 서 한자리 하겠다고
짖어대는 사람과
잘못인 줄 알면서 입 다무는 사람들
물을 틀어 흘려보낸다

이 물도 결국은 강으로 갈 것이다
유조선에서 흘러나온 백만 갤런의 석유보다
위험한
오늘 설거지는 해도 해도 줄지 않는다

천오백 몇 십 미터짜리의 그리움

보았다
함백산에 올라가
천오백 몇 십 미터 꼭대기에서
천 년을 낮은 키로 살아온 주목들이
숲을 이룬 것을
사람 사는 마을은 온통 안개 속인데
영월로 태백으로 갈라져 가는 만항재
무엇이 서러운지 눈물 흘리며
포장을 덮어쓴 화물차가 지나가고
꽃들은 아직 피지 않았다
사방에서 바람이 분다
오래된 기억처럼 멀리 팔을 돌리는 풍차들
사람이 보이지 않는 레이더 기지에
누런 개 한 마리 대문을 지키고

하산이 두려운 사람들이 쌓아놓은 돌탑이
잊지 못한 사람의 뒷모습으로 아래를 보며 앉아 있다
내려가야지
정암사에 들러 물 한 모금 마시고
사북에 가면 오래 못 만난
친구도 불러내야지
노을이 재촉하는 저녁
보았다
천오백 몇 십 미터짜리
무너지지 않는
그리움을

수몰 지구

자꾸 네게 흐르는 마음을 깨닫고
서둘러 댐을 쌓았다
툭하면 담을 넘는 만용으로
피해 주기 싫었다
막힌 난 수몰 지구다
불기 없는 아궁이엔 물고기가 드나들고
젖은 책들은 수초가 된다
나는 그냥 오석처럼 가라앉아
네 생각에 잠기고 싶었다
하지만 예고 없이 태풍은 오고 소나기는 내리고
흘러넘치는 미련을 이기지 못해
수문을 연다
콸콸 쏟아지는 물살에 수차가 돌고
나는 충전된다

인내심에 과부하가 걸리지 않기를
꽃 피는 너의 마당이 잠기지 않기를
전화기를 끄고 숨을 참는다
때를 놓친 사랑은 재난일 뿐이다

봄눈 내리는 아침

봄눈이 폭설처럼 쏟아지는 아침

어두운 방 안에서 길이 사라진 마당을 본다

구석에 앉은 주정뱅이처럼 비스듬히 팔짱 낀 소나무가

돌아오지 않는 사람을 기다리며 다리가 지워진 강을 지킨다

대문까지 길을 내고 빨간 우편함 지붕을 털어내야지

서둘러 일어나 차를 끓이려다 주전자의 차가운 감촉에 서럽다

그래야 며칠이면 다 녹아버릴 걸 아직도 눈물 몇 방울

차 맛이 짜다

전산옥[1]

아무리 단단히 뗏목을 엮어도
물살 사나운 된꼬까리와 황새여울을 지나면
바닥에 물이 차지
이제 좀 잔잔해지는 어귀에서
배 좀 손볼라치면
불빛이 반짝이는 주막
전산옥은 얼굴 예쁘고
노래 잘하고
사내들 가슴에 구멍도 잘 뚫었다네
정선에서 서울까지
나무 팔러 가는 길이 험하다지만
열 길 소용돌이보다 치명적인
그 여자 치마폭엔
난파선으로 가득하고

---
[1] 뗏목꾼을 상대로 장사하던 남한강 변 주막의 유명한 주모.

사내들의 한숨이 넘친다지
나 이제 서울이 지겹고
나무 판 돈 얼마 안 남았으니
빈털터리 되기 전에
주막으로 가려네
전산옥 노래 자락에
후회나 남은 한평생
제대로 구멍 한번 뚫려
치마폭 속으로
깊이깊이 침몰하고 싶다네

실연

그 여자는
내 뒤통수를 때려
두 손과 발을 묶고
입에는 재갈을 물렸다
바퀴 달린 가방에 넣더니
내 차로 한참 달린 뒤
사람 없는 강변에 멈췄다
가장 깊은 곳을 골라
나를 던지던 그녀의 표정이
언뜻 슬퍼 보이기도 했다
강바닥에서
나는 허리에 달린 무거운 추억과 함께
내 몸을 뜯어 먹는
피라미를 바라본다

이 검푸른 물속에
산채로 던지다니
방부제 같은
소주는 그만 마셔야겠다
내 몸이 모두 썩어야
다시 떠오를 수 있으니
난 거꾸로 앉아
시를 쓴다

겨울 저녁

추위에 몰려 지하철을 탔다
그리고 그 사람을 보았다
고개 돌려 창밖을 보고 있었다
컴컴한 시간이 비명을 지르며 달려가고
나는 구석으로 가서
버려진 신문을 읽었다
살아가는 건
심장이 멈출 때까지
조금씩 식어가는 것
기차는 승객을 내리고
다시 빈자리를 채운다
달궈진 낙인을 담글 때처럼
치익 하는 소리와 함께 문이 닫히고
한 칸씩 사라져가는 장면들

먼저 내릴 시간
한참 걸어야 할 길이 얼어붙었다
장갑을 끼고
돌아보지 않았다

강릉여인숙 1

누구도 기다려주지 않는 한밤중
정선역까지 밀려왔다면
강릉여인숙으로 가자
연탄재 부서진 마당엔
세상의 배꼽 같은 수도꼭지가 반짝이고
빙 둘러선 방들이
묶인 배처럼 흔들리는 곳
방금 광산에서 돌아온
긴 장화를 신은 어둠이
비린내 나는 소주를 권할 때
벽으로 바람이 통하고
머리 위엔 별자리가 보이는
난파선 수리소
어디에서나 뒷걸음질만 치다가

막장에 닿았을 때
청량리에서 기차 타고
정선으로 가자
강릉여인숙엔 오늘도
노란 불빛 새어 나오는 방들이
볼 시린 손님을 기다리며
서성이고 있을 테니

강릉여인숙 2

폭설에 엎드린 지붕들 위로
융통성 없는 늙은 산 하나
새파랗게 질린 강을 노려본다
내려놓지 못하는
후회 한 짐 짊어지고
새로 걸린 다리를 건너가는 고향
주린 까마귀 한 마리 소리 지른다
돌아가 돌아가
네게 줄 방은 없어
막차 표라도 사러 역전에 왔다가
발이 묶인 밤
허옇게 언 길 위로
열린 대문이 있다
노란 불빛이 반기는

강릉여인숙
새벽에 출근하는 광부들을 태운 버스가
어둠을 밀어내던 곳
새로 전학 온 하얀 계집아이가
가방을 메고 뛰어 들어가던 마당
외투를 벗고 누워
등으로 온기를 모으며
새벽 기차를 기다린다
한 번쯤 늦잠을 자
하루 더 머물러도 개운할 것 같은
서툰 길손들의 부두
강릉여인숙

작은 감자

안주로 작은 감자가 나왔다
단골이라고 주인이 덤으로 준
검게 탄 자국이 있는 감자
쥐어보면 따뜻해서
선뜻 껍질을 벗길 수 없다
혼자 술 마시는 저녁
취하면 큰 소리로 전화하는 사람들의
소주보다 차가운 입술이 부럽다
함부로 뚜껑을 날리며 병을 따고
죄 없는 젓가락을 떨어뜨리면
새걸로 바꿔달라는 사람들이 두렵다
날 사랑하지 않는 사람을 생각하며
내 심장은 망설이며 뛰고
비 없이 흐리기만 한 여름

가뭄 속에서
감자야 난 잘 살고 있는 걸까

삼월의 망명
—이진우에게

남쪽 바다는
꽃 피고 새 운다는데
일이 쌓인 창밖에는 눈만 내리지
등이 시려 난로를 끼고
개와 산책하는 친구의 사진을 보네
묵은 겨울이 버티는
세상은 제 맘대로 굴러다니고
아는 사람들은 힘없이 늙는데
그저 애들만 별 탈 없으면
다행인 오십
바보들이 감투를 쓰고
도깨비놀음 하는 나라에서
밀린 공과금 몇 개 더 나왔다고
혼자 성질내고

내리자마자 사라지는 눈송이 같은

지금 여기가

봄인들 달갑겠나

섬 주막

종일 비 오는 오후
불도 안 켜고
텅 빈 술집 골방에 퍼질러 앉아
취한 사내는 꼬막을 깐다
볼이 꽉 차도록 입에 넣고도
손은 자꾸 꼬막을 깐다
꽉 닫힌 껍질도
기어코 손톱으로 벌린다
눅눅한 식욕
소주는 손도 안 대고
중얼거린다
어휴 죽일 년
어휴 죽일 년

늦은 인사

그 바닷가에서 당신은
버스를 탔겠지
싸우다 지친 여름이 푸르스름한 새벽
내가 잠든 사이
분홍 가방 끌고

동해와 설악산 사이
외줄기 길은 길기도 해
다시는 만날 수 없었네

자고 나면 귀에서 모래가 나오고
버스만 타면 멀미를 했지
아무리 토해도 멈추지 않고
정신없이 끌려가던 날들

가는 사람은 가는 사정이 있고
남는 사람은 남는 형편이 있네
더 이상 누군가를 기다리지 않는 나이

잘 가 엄마
아지랑이 하늘하늘 오르는 봄
이제야 미움 없이
인사를 보내

마음속 붉은 꽃잎

구모룡

(문학평론가)

I. "도원"의 시인

도원 사람들은 기록을 남기는 데 관심이 없었다 다만 나라가 바뀌자 벼슬을 버리고 산중에 숨어든 이가 굶주림에 지쳐 헤매다 그곳으로 들어갔다고 한다 한동안 잘 지내던 그는 무슨 연유인지 다시 세상으로 나오게 되었다 가족을 데려가려 했다고도 하고 높은 관직에 있던 친구를 만나려 했다고도 한다 실수를 깨닫고 다시 돌아가려 했으나 입구를 찾을 수가 없었다는 것이다 결국 평생을 그리워하다가 실성해 곳곳의 바위나 나무에 글을 남겼다 한다 지나가던 나무꾼이나 심마니들이 우연히 한두 편씩 읽고 더러는 기억하고 더러는 잊어버리니 글자는 세월에 지워지고 입에서 입으로 조금씩 보태진 이야기는 장터에서 장단과 가락을 얻어 여러 편 구슬픈 노래가 되었다 훗날 사람들은 그 노래들을 아라리라 불렀다고 하는데 지금은 여러 편이 사라져 도원의 모습은 안개 속의 뼁대들처럼 언뜻언뜻 보였다 사라지곤 한다

—「해제解題」 전문

흔히 서정적 비전을 화해와 동일성으로 받아들인다. 그러나 이것은 하나의 지향이자 전망일 뿐 서정의 본디 밑자리는 단절에 있다. 더 가혹하게 말하면 그것은 비극적이다. 현실 세계와 단절된 의식과 꿈이 서정을 유발한다. 그렇기 때문에 처음부터 화해를 말하고 동일성을 노래하는 서정은 진정성을 의심받게 된다. 서정은 삶의 비극적 조건을 넘어서려는 고투의 양식이다. "도원"을 노래하는 전윤호의 경우도 이와 같은 실존적 궤적을 보인다. 그는 "도원"의 시인이지만 첫 시집부터 "도원"을 지향하고 있지는 않다. 제2시집과 제3시집을 통과하고 제4시집 『늦은 인사』에 이르러 마침내 그는 "도원"의 비경을 제시한다. 인용한 시 「해제解題」는 한편으로 "도원"에 대한 설명이지만 다른 면에서 전윤호의 시관에 상응한다. 그는 삶의 "도원"에 이르는 과정에서 그 흔적과 내력을 "아라리"와 같이 노래하고자 한다.

제4시집 『늦은 인사』는 그가 보인 시작의 여정들을 포괄하면서 난폭한 근대 사회를 넘어 신생의 거처를 궁구하

고 있다. 먼저 『늦은 인사』를 바르게 읽기 위하여 앞선 시적 과정을 이해할 필요가 있다.

II. "도원"에 이르는 길

첫 시집 『이제 아내는 날 사랑하지 않는다』(문학세계사, 1995)는 억압적이고 폭력적인 현실에 직면한 도시민의 좌절과 절망을 말하고 있다. 반복되는 일상에서의 무력감, 자본의 속도가 만드는 현기증, 도시 부적응에 따르는 멀미와 악몽, 뿌리 뽑힌 자들의 소외감, 낯선 이웃의 공포 등이 주된 시적 화제들이다. "번거로운 짐들만 늘어가는 이 생활을/ 빨리 청산해야 한다 분명히/ 나는 위태롭다 지금 이 순간/ 수상한 눈빛 조심스런 발소리가/ 사방에서 죄어들고 있는/ 여기는 타국이다"(「불법체류자」)라는 진술에서 극명하게 드러나듯이 시인의 도시 탈주는 이미 예고된 일인지도 모른다. 그럼에도 시인은 폭력적인 리듬을 강요하는 도시의 삶을 회피하려 하지 않는다. 그가 지닌 현실주의적 의지가 반영된 탓이다. 그는 아슬아슬한 경계에서 현실에 기투企投하는 자기를 정립하려 한다. 하지만 이러한 현실로부터 탈출하려는 유혹 또한 만만치 않다. "아기장수 전설"처럼 그의 앞에는 현실 세계에 대한 근본적인 단절의 강이 흐르고 있기 때문이다. "내 눈은 점점 위로/ 사무실 천장을 뚫고 옥상 위로/ 저 아래에서 날 부르는 날카로운 소리/ 그러나 난/ 맷돌에 눌려 죽은 아기처럼/ 자꾸 겨드랑이가 가렵다"(「일신상의 비밀」에서). 이처럼 시인은 자신의 비극적 감성을 생래적 조건으로 상상하며 현실에 대처한다. 따라서 "도원"에 대한 염원은 억압되어 있다.

>이곳은 아직 공사 중이다
>통하는 길은 모두 파헤쳐져
>종일 차가 밀린다
>밤에도 불 밝히고
>쿵쿵거리며 새집을 짓고 있다
>시장도 없고 노선버스도 없다
>지금은 서울보다 불편하지만
>자고 나면 마을이 하나씩 생긴다
>피난민 행색의 사람들이 몰려와
>총총히 이삿짐을 풀고
>아이들은 기쁜 얼굴로
>칠 냄새가 나는 학교를 뛰어다닌다
>여긴 이제 안양이 아니고
>신도시라고 하는 사람들도 있지만
>난 안양의 중심이 이곳이라 믿고 있다.

―「안양安養에서 쓰는 편지」 전문
『이제 아내는 날 사랑하지 않는다』, 세계문학사, 1995

 시인은 이 시의 말미에 "안양: 불교의 이상향"이라는 주를 달았다. 실제의 지명을 중의적으로 해석함으로써 현실을 수락하려는 의지의 일환으로 보인다. 애써 불교적인 달관의 표정을 짓고 있는 것이다. 그럼에도 서울이 아니라 그 주변, 대도시가 아니라 마을에 이끌리는 시적 화자의 심경은 역력하다. 시인은 도시 편입과 도시 탈주의 경계에 서 있다. 이러한 경계에서 어느 한쪽의 환상이 다른 쪽의 환멸이 되는 의식 현상이 반복된다. 하지만 "정류장에서 사무실에서/ 늘 심지가 타는 냄새"(「테러 시대」)를 맡으면서 "난 도시에 불을 놓고 싶다"(「화전민」)는 충동에 시달리는 시인의 궁극적 관심이 도시의 외부에 있다는 것은 짐작하기 어렵지 않다. "더 늦기 전에"(「펀치 트렁크」)라는 자각과 더불어 "낙타여 게으른 내 낙타여/ 물주머니 둘러메고 떠나자"(「출사표」)라고 고갈된 모래 무덤인 도시를 떠나려 한다.
 그런데 주목할 것은 시인의 이러한 의식 형태가 도시/ 고향의 단순 이분법에 근거하고 있지 않다는 사실이다. "오늘은 내가 떠난다/ 고향을 탄 더미처럼 버려두고/ 긴 터널을 지나 낯선 도시에서/ 수탉처럼 꿈꾸면/ 어느새 목이 메는 아라리"(「정선 2」)라는 진술이 말하듯이 고향 또한 궁핍과

낙후 그리고 고통의 기억을 담고 있다. 나아가 "나는 다시 떠올려야 하리라 살모사였던 과거를/ 어미 잡아먹고 자란 내 내력을/ 내게 고향은 위험하다"(「두려운 고향」)라는 구절이 자못 심각하다. 따라서 시인에게 도시 탈주는 곧 바로 귀향을 의미하지 않는다. 그에게 고향은 폐허이거나 원초적인 죄의식을 유발하는 "두려운" 장소이다. 그렇다면 제2시집 『순수의 시대』(하문사, 2001)에서 본격적으로 등장하는 "도원"은 어떠한 의미를 지니는 것일까? 여기에는 귀향의 변증법이라고 할 수 있는 해석 지평의 변전이 있다.

그곳엔 탄광이 있었다
등짐에 익숙한 사람들 가난을 버리려 몰려들고
석탄을 가득 실은 열차가 분주하게 나갔다
갱도가 무너져 많은 사람들이 묻히던 날
난 대학을 가려고 탄 더미와 함께 그곳을 떠났다
여자들의 울음소리가
터널 속을 울렸던 걸 기억한다
도원 역엔 새마을 열차가 서지 않는다
특실이 달린 무궁화 열차도
한 번 갈아타야 탈 수 있다
탄광이 없어지면서
이젠 도원 역을 기억하는 사람은 없다

홍수가 나면 굴이 막히고

기차가 오래 들어가지 않던 곳

남에게 신세지지 않는 사람들이

지들끼리 살아가는 곳

그곳을 가려고 청량리역에서 길을 물으면

제대로 아는 이가 없다

—「도원 역」 전문, 『순수의 시대』, 하문사, 2001

  "청량리역"과 다르게 띄어쓰기를 한 "도원 역"은 실재 역명은 아닐 것이다. 그럼에도 실재하는 "도원 계곡"을 향하는 역으로 이해할 수 있다. "강원도 정선"이 고향인 시인에게 탄광의 소멸은 고향의 재생에 상응한다. 이것은 근대와 고향의 이분법적 대립에서 탈피하고 근대를 넘어서기 위하여 고향을 다시 인식하는 과정과 다를 바 없다. 탄광이 폐쇄되면서 교통이 끊기자 모두에게 잊힌 장소가 되지만 시인에게 도원은 이상향으로 추억된다. 그러므로 "도원"은 타락한 도시에 대한 대체물이거나 낭만적 동경의 대상이 아니다. "우리의 목표는/ 이 지긋지긋한 도시를 떠나는 것/ 설혹 패한다 할지라도/ 다시 돌아오지 않을 것이다/ 우리의 어리석음이 만든 이 거대한 도시는/ 밀림에 버려져/ 천 년 후에나 발견될 것이다"(「선전포고」)라는 문명사적 인식 혹은 역사철학이 전제된다. 시인으로 하여금

오래된 "도원"에 대한 본격적인 탐구로 이끈 것은 새로운 삶에 대한 열망이다. 이는 "남에게 신세 지지 않는 사람들이/ 지들끼리 살아가는" 자발적이고 자율적인 공동체에 대한 염원과 결부된다.

"도원"에 대한 탐구가 도시 탈주의 실행으로 이어지는 것은 아니다. 제3시집 『연애소설』(다시, 2005)은 신생을 위한 가교이다. "나"를 집중 탐구함으로써 시적 지평을 확장하고 있다. 자기표현은 서정시가 반드시 거쳐 가야 할 과정이지만 그 종착지라 할 수 없다. 자기를 벗어나 외부를 사유하는 과정이야말로 시적 지향의 기본이다. 그러므로 "나"를 쓰는 것은 "나"를 해부하고 "나"를 지우고 "나"를 떠나는 일과 유관하다. 이러한 과정을 통하여 "도원"은 더욱 절실하게 "나"의 장소가 된다. "그곳에선 돌아가야 할 날짜가/ 아무 소용도 없이 연기된다/ 천둥번개가 치고/ 나는 깨닫는다/ 그곳은 내게나 편한 곳이라는 걸/ 누구에게나 열려 있지 않은/ 도원은 그래서 도원이라는 걸"(「도원 일기」). 이처럼 "도원"은 누구에게나 상상될 수 있는 공간이지만 "누구에게나 열려" 있는 장소가 못 된다. 그곳은 "나"만의 내부성을 지닌다. 이러한 내부성의 문제는 제4시집 『늦은 인사』에서 잘 표현되고 있다.

Ⅲ. 아라리 혹은 마음속 붉은 꽃잎

제4시집 『늦은 인사』에서 먼저 눈에 띄는 특징은 어조와 태도에서 드러나는 "나"의 입장이다. 제3시집에서 전개된 자기탐구와 자기표현이 성찰과 관조의 양상으로 발전하고 있다. 자기에 대한 반성은 자기를 사물과의 관계 속에서 인식하는 과정으로 이월한다. 가령 시 「메기 낚시―흐름에 대하여」가 한 예이다. 이 시에서 시인은 "물살에 떠다닌 내 생애"를 관조하면서 "나를 끌고 가는 시간의 묵직함"을 인식하고 느낀다. 그리하여 "손목을 이끄는 강의 흐름을 느낄 수 있다면/ 메기가 그대 가슴속을 헤엄쳐/ 달빛 일렁이는 저 굽이 너머로 떠나간들/ 또 어떠리"(「기초 입문―메기 낚시」)라고 소유와 집착에서 놓여난 태도를 보이게 된다. 이러한 태도는 「수면사睡眠寺」, 「전당사典當寺 1 · 2」, 「중산충中産蟲」, 「내가 고향이다」 등 일련의 시에서 잘 드러난다. 앞선 시집에서 보이던 냉소와 비하에서 벗어나 유머와 풍자의 멋을 획득하게 된 것이다.

아내는 출근하고
아이들은 학교에 갔다
집이 조용해지자
거세한 고양이는 창틀 위로 올라가

잡히지 않는 새소리를 듣는다

초록색 눈을 가진 고독이

내려다보는 한낮

결말을 아는 이야기 속에서

마지막까지 견디는 일이

이렇게 지루하다니

성공한 부자가

자신을 영웅이라 생각하는 자서전을 읽다가

몸으로 물음표를 만들고

긴 잠에 빠지다

―「낮달」 전문

"낮달"과 "낮잠"을 자는 "나"의 병치가 절묘한 이 시가 말하고자 하는 바도 존재의 열림이다. 이러한 열림은 또한 경계의 해체에 상응하는 일에 다름이 아니다. 달리 낮과 밤, 시작과 끝의 분별이 없는 무명無名의 세계에 대한 지향이라고 할 수 있을 것이다. 이는 시 「아들의 나비」에서 말하듯이 이름으로 분별되어 풀리지 않는 "매듭"이 아니라 "매듭"이 "나비"가 되는 관계의 이월이 가능한 세계이다. 시인은 "산다는 건 그저/ 갖가지 천 조각을 이어/ 보자기를 만드는 일"(「조각보」)이라고 말한다. 그만큼 삶에 대한 인식의 지평이 확장된 것이다. 시인이 말하는 "도원" 또한 이러한 인식의 과정과 무관하지 않다.

눈을 뜬 것도 감은 것도 아닌데 사방이 모두 보인다 멀리 나를 찾는 사람들 챙기지 않은 가방 강 바위에 놓아둔 수건과 칫솔 요란하게 울리는 전화벨 소리 숨 쉴 수 없는 물속도 힘들지만은 않았다 막차를 타고 종점에 내린 뜨내기처럼 잠깐의 고통이 낯설게 지나자 토박이처럼 편안해졌다 마침내 한 번은 와야 할 곳에 당도한 기분 어둠 속에 둥둥 떠 있다 언뜻 내 얼굴이 내려다보였다 슬픈 감정 없이 내 모습을 본 게 언제였던가 시장에서 치맛자락을 붙잡고 입만 징징거리던 초여름의 한때 눈물 속에 쨍하던 그 환한 빛이 보였다 움직이지도 않았는데 내가 그 속으로 들어가고 있었다 푸른 하늘과 산이 보였다 물봉숭아가 활짝 핀 강변에 나는 선잠이 깬 아이처럼 어리둥절해서 두리번거리며 누워 있었다
─「물속에서」전문

앞서 인용한 「낮달」의 메타포와 이 시가 연관이 있다고 하면 지나친 비약일까? 그렇지 않다. 역사철학적으로 "도원"은 유토피아에 대한 열망이지만 시인의 실존적인 정신분석의 차원에서는 시원의 회귀이다. 시인에게 시원은 무엇일까? 유년의 강을 건너 존재하는 어머니가 아닐까? 이러한 해석의 실마리는 이미 첫 시집에 실려 있는 「두려운

고향」(『이제 아내는 날 사랑하지 않는다』)에서 찾아진다. 이 시에서 시적 화자는 "어미 잡아먹고 자란 내 내력"을 진술하고 있다. 이러한 진술이 다시 변주된 시가 「얼음배」, 「동해에서 폭설을 만나다」, 「첫차」 등이다. 시인의 유년은 "얼음배"를 탄 것처럼 위태롭다. "불을 피워놓고/ 나를 기다리는 사람"(「얼음배」)이 보이지 않기 때문이다. 그 사람은 어머니이다. "바다에서 엄마를 잃어버리고/ 아버지 손을 잡고 산으로 갔다"(「동해에서 폭설을 만나다」)라는 구절의 풍경은 유년의 트라우마를 잘 나타낸다. 어머니를 잃은 그에게 유년은 행복의 시공간이 아니라 고통의 시공간이다. 이는 유년을 행복의 공간으로 인식하는 대다수 시인들의 의식 형태와 다르다. 여기서 "고향 내려와/ 몇 해 거른 아버지 제사 지내고/ 선잠 깬 이른 아침// 첫차 타고 떠나려고 앞강에서 머리 감다/ 물봉숭아를 건졌다/ 어머니가 좋아했던 꽃"(「첫차」)과 같은 대목을 주목하지 않을 수 없다. "물봉숭아"는 인용한 시 「물속에서」에서도 핵심 모티프이다. 이로써 시인이 꿈꾼 "도원"의 실존적인 차원이 해명된 듯하다. 시인에게 "도원"은 어머니의 자궁이자 모성의 세계이다. 나아가 그것은 노자가 말하는 무명의 세계이다. 어머니가 좋아하는 "물봉숭아"는 "도원"의 흔적이며 "도원"의 기억을 매개하는 이미지이다. 이 이미지를 바탕으로 시인은 기억의 트라우마를 극복하고 존재를 해방하는 유토피

아를 상상한다. 기억과 상상의 가교에서 시인의 시는 "아라리"와 같은 이야기와 곡조를 품게 된다.

우리 동네에서는
까닭 없이 사람들이 사라지면
도원으로 갔다고 했다

(중략)

그곳에 가고 싶었다
떠나는 모습을 기억도 못하는
어린 나를 두고 사라진
어머니가 보고 싶어 보채면
사람들은 도원에 마실 간 거라고
실컷 놀고 나면 내가 생각나
쪽배 타고 돌아올 거라고

우리 동네에서
무덤도 없이 사라진 사람은
도원으로 놀러간 거라고 했다

괜히 울적한 저녁이면

강변으로 뛰어가

산 너머로 사그라지는 노을을 보면서

어머니가 돌아오기 전에

그곳에 가고 싶었다

—「그곳」 부분

  이 시를 통하여 우리는 시인이 말하는 "도원"의 원형 스토리를 만나게 된다. "도원"은 시 「유래由來」가 말하듯이 "안과 밖이 서로 잊으니 애달픈 일"이 없는 데서 비롯한다. 그 기원에 상처와 고통이 자리하고 있음을 알 수 있다. 시인에게 "도원"은 어머니의 이른 죽음과 연관된다. 그의 시에서 "아버지"에 대한 서술은 많지 않을 뿐 아니라 부정적이다. 가족사적인 콤플렉스를 풀어가는 과정과 그의 시작은 무관하지 않다. 콤플렉스는 매듭이다. 사고의 진전을 막고 상상을 억압하는 기억의 무게라 할 수 있다. "매듭"을 "나비"로 비약하는 상상력처럼 시인은 고통의 현장에서 본 "물봉숭아"를 "도원"으로 상승시킨다. 그리하여 "물봉숭아"는 어머니가 되고 모성이 살아 있는 이상향을 지시하는 제유synecdoche의 이미지가 된다.

  전윤호는 마음속에 붉은 꽃잎을 품은 시인이다. 그의 시는 이 꽃잎의 기억에 이끌려 발화된다. 이 꽃잎의 기원은 "물봉숭아"로 지시된 유년의 상처를 나타내는 표지이다.

그러나 시인은 상처 혹은 트라우마의 늪에 빠져 존재를 망각하지 않는다. "물봉숭아"에 매개된 어머니를 찾고 그 너머 "도원"을 궁구하게 된다. 그에게 "도원"은 피난과 유민의 공간이라는 역사성을 지님과 동시에 상처와 고통이 없는 가장 처음의 완전한 실존이 보장되는 세계라는 이상주의를 내포한다. 하지만 그는 "도원"을 그리 심각하게 말하지 않는다. "도원이 별다른 줄 안다면 실망하지/ 사람 사는 곳이 다 그렇지 뭐"(「입구에서」). 결국 "도원"은 마음의 문제이다. "강변도로를 다니다가/ 하늘을 날아가는 닭들을 본다/ 나는 지금 겨우 욱신거리는/ 도원에 산다"(「고개 들어보면」). 이러한 대목에서 시인이 개진한, 보기 드문 시적 지평을 보게 된다. 많은 시인들이 유년의 순수함으로 훼손된 세계를 견딘다면, 전윤호는 유년의 상처를 극복하는 방식으로 새로운 세계를 열고 있다. 이 점이 그의 개성이 빛나는 대목이다. "잘 가 엄마/ 아지랑이 하늘하늘 오르는 봄/ 이제야 미움 없이/ 인사를 보내"(「늦은 인사」). 그의 "늦은 인사"가 던지는 울림이 크다. 그는 말한다. "수천 년 전부터 텅 비어 있던/ 성인들의 무덤과/ 어차피 공정할 수 없는/ 인간의 제도에 대해/ 우주에서 바라본 지구처럼/ 터무니없이 사소한/ 시를 쓴다"(「사소한 시인」). 그러나 그의 시는 결코 사소하지 않다. 붉은 마음에서 번지는 "아라리" 한 소절과 같이 우리의 마음속으로 스며들기 때문이다.

늦은 인사

초판 1쇄 발행 2021년 11월 10일

지은이 전윤호
펴낸이 이계섭
책임편집 이라희
디자인 오진경

펴낸곳 (주)백조
주소 경기도 화성시 노작로2길 6 202호
출판등록 2020년 8월 14일
전화 031-8015-0705
팩스 031-8015-0704
E-mail baekjo1120@naver.com

값 10,000원 ISBN 979-11-91948-00-4